Website/
Bank Name _____

Username/
Account No._____

Password _____

Notes _____

_____

_____

Website/
Bank Name _____

Username/
Account No._____

Password _____

Notes _____

_____

_____

Website/
Bank Name _____

Username/
Account No._____

Password _____

Notes _____

_____

_____

A

My password book

Website/
Bank Name _____

Username/
Account No._____

Password _____

Notes _____

_____

_____

Website/
Bank Name _____

Username/
Account No._____

Password _____

Notes _____

_____

_____

Website/
Bank Name _____

Username/
Account No._____

Password _____

Notes _____

_____

_____

Password &

Account Number Book

This password book belongs

to

_____

My password book

Website/
Bank Name _____

Username/
Account No._____

Password _____

Notes _____

_____

_____

Website/
Bank Name _____

Username/
Account No._____

Password _____

Notes _____

_____

_____

Website/
Bank Name _____

Username/
Account No._____

Password _____

Notes _____

_____

_____

My password book

Website/
Bank Name _____

Username/
Account No._____

Password _____

Notes _____

_____

_____

Website/
Bank Name _____

Username/
Account No._____

Password _____

Notes _____

_____

_____

Website/
Bank Name _____

Username/
Account No._____

Password _____

Notes _____

_____

_____

My password book

Website/
Bank Name _____

Username/
Account No._____

Password _____

Notes _____

_____

_____

Website/
Bank Name _____

Username/
Account No._____

Password _____

Notes _____

_____

_____

Website/
Bank Name _____

Username/
Account No._____

Password _____

Notes _____

_____

_____

My password book

Website/
Bank Name _____

Username/
Account No._____

Password _____

Notes _____

_____

_____

Website/
Bank Name _____

Username/
Account No._____

Password _____

Notes _____

_____

_____

Website/
Bank Name _____

Username/
Account No._____

Password _____

Notes _____

_____

_____

Website/
Bank Name _____

Username/
Account No._____

Password _____

Notes _____

_____

_____

Website/
Bank Name _____

Username/
Account No._____

Password _____

Notes _____

_____

_____

Website/
Bank Name _____

Username/
Account No._____

Password _____

Notes _____

_____

_____

My password book

Website/
Bank Name _____

Username/
Account No._____

Password _____

Notes _____

_____

_____

Website/
Bank Name _____

Username/
Account No._____

Password _____

Notes _____

_____

_____

Website/
Bank Name _____

Username/
Account No._____

Password _____

Notes _____

_____

_____

Website/
Bank Name _____

Username/
Account No._____

Password _____

Notes _____

_____

_____

Website/
Bank Name _____

Username/
Account No._____

Password _____

Notes _____

_____

_____

Website/
Bank Name _____

Username/
Account No._____

Password _____

Notes _____

_____

_____

My password book

Website/
Bank Name _____

Username/
Account No._____

Password _____

Notes _____

_____

_____

Website/
Bank Name _____

Username/
Account No._____

Password _____

Notes _____

_____

_____

Website/
Bank Name _____

Username/
Account No._____

Password _____

Notes _____

_____

_____

My password book

Website/
Bank Name _____

Username/
Account No._____

Password _____

Notes _____

_____

_____

Website/
Bank Name _____

Username/
Account No._____

Password _____

Notes _____

_____

_____

Website/
Bank Name _____

Username/
Account No._____

Password _____

Notes _____

_____

_____

My password book

Website/
Bank Name _____

Username/
Account No. _____

Password _____

Notes _____

_____

_____

Website/
Bank Name _____

Username/
Account No. _____

Password _____

Notes _____

_____

_____

Website/
Bank Name _____

Username/
Account No. _____

Password _____

Notes _____

_____

_____

My password book

Website/
Bank Name _____

Username/
Account No. _____

Password _____

Notes _____

_____

_____

Website/
Bank Name _____

Username/
Account No. _____

Password _____

Notes _____

_____

_____

Website/
Bank Name _____

Username/
Account No. _____

Password _____

Notes _____

_____

_____

My password book

Website/
Bank Name _____

Username/
Account No._____

Password _____

Notes _____

_____

_____

Website/
Bank Name _____

Username/
Account No._____

Password _____

Notes _____

_____

_____

Website/
Bank Name _____

Username/
Account No._____

Password _____

Notes _____

_____

_____

D

Website/
Bank Name _____

Username/
Account No._____

Password _____

Notes _____

_____

_____

Website/
Bank Name _____

Username/
Account No._____

Password _____

Notes _____

_____

_____

Website/
Bank Name _____

Username/
Account No._____

Password _____

Notes _____

_____

_____

My password book

Website/
Bank Name _____

Username/
Account No._____

Password _____

Notes _____

_____

_____

Website/
Bank Name _____

Username/
Account No._____

Password _____

Notes _____

_____

_____

Website/
Bank Name _____

Username/
Account No._____

Password _____

Notes _____

_____

_____

E

Website/
Bank Name _____

Username/
Account No._____

Password _____

Notes _____

_____

_____

Website/
Bank Name _____

Username/
Account No._____

Password _____

Notes _____

_____

_____

Website/
Bank Name _____

Username/
Account No._____

Password _____

Notes _____

_____

_____

My password book

Website/
Bank Name _____

Username/
Account No._____

Password _____

Notes _____

_____

_____

Website/
Bank Name _____

Username/
Account No._____

Password _____

Notes _____

_____

_____

Website/
Bank Name _____

Username/
Account No._____

Password _____

Notes _____

_____

_____

My password book

E

Website/
Bank Name _____

Username/
Account No._____

Password _____

Notes _____

_____

_____

Website/
Bank Name _____

Username/
Account No._____

Password _____

Notes _____

_____

_____

Website/
Bank Name _____

Username/
Account No._____

Password _____

Notes _____

_____

_____

My password book

Website/
Bank Name _____

Username/
Account No._____

Password _____

Notes _____

_____

_____

Website/
Bank Name _____

Username/
Account No._____

Password _____

Notes _____

_____

_____

Website/
Bank Name _____

Username/
Account No._____

Password _____

Notes _____

_____

_____

My password book

Website/
Bank Name _____

Username/
Account No._____

Password _____

Notes _____

_____

_____

Website/
Bank Name _____

Username/
Account No._____

Password _____

Notes _____

_____

_____

Website/
Bank Name _____

Username/
Account No._____

Password _____

Notes _____

_____

_____

My password book

Website/
Bank Name _____

Username/
Account No._____

Password _____

Notes _____

_____

_____

Website/
Bank Name _____

Username/
Account No._____

Password _____

Notes _____

_____

_____

Website/
Bank Name _____

Username/
Account No._____

Password _____

Notes _____

_____

_____

My password book

F

Website/
Bank Name _____

Username/
Account No._____

Password _____

Notes _____

_____

_____

Website/
Bank Name _____

Username/
Account No._____

Password _____

Notes _____

_____

_____

Website/
Bank Name _____

Username/
Account No._____

Password _____

Notes _____

_____

_____

My password book

Website/
Bank Name _____

Username/
Account No. _____

Password _____

Notes _____

_____

_____

Website/
Bank Name _____

Username/
Account No. _____

Password _____

Notes _____

_____

_____

Website/
Bank Name _____

Username/
Account No. _____

Password _____

Notes _____

_____

_____

My password book

Website/
Bank Name _____

Username/
Account No. _____

Password _____

Notes _____

_____

_____

Website/
Bank Name _____

Username/
Account No. _____

Password _____

Notes _____

_____

_____

Website/
Bank Name _____

Username/
Account No. _____

Password _____

Notes _____

_____

_____

My password book

Website/
Bank Name _____

Username/
Account No._____

Password _____

Notes _____

_____

_____

Website/
Bank Name _____

Username/
Account No._____

Password _____

Notes _____

_____

_____

Website/
Bank Name _____

Username/
Account No._____

Password _____

Notes _____

_____

_____

G

Website/
Bank Name _____

Username/
Account No._____

Password _____

Notes _____

_____

_____

Website/
Bank Name _____

Username/
Account No._____

Password _____

Notes _____

_____

_____

Website/
Bank Name _____

Username/
Account No._____

Password _____

Notes _____

_____

_____

My password book

Website/
Bank Name _____

Username/
Account No._____

Password _____

Notes _____

_____

_____

Website/
Bank Name _____

Username/
Account No._____

Password _____

Notes _____

_____

_____

Website/
Bank Name _____

Username/
Account No._____

Password _____

Notes _____

_____

_____

H

Website/
Bank Name _____

Username/
Account No._____

Password _____

Notes _____

_____

_____

Website/
Bank Name _____

Username/
Account No._____

Password _____

Notes _____

_____

_____

Website/
Bank Name _____

Username/
Account No._____

Password _____

Notes _____

_____

_____

My password book

Website/
Bank Name _____

Username/
Account No._____

Password _____

Notes _____

_____

_____

Website/
Bank Name _____

Username/
Account No._____

Password _____

Notes _____

_____

_____

Website/
Bank Name _____

Username/
Account No._____

Password _____

Notes _____

_____

_____

My password book

Website/
Bank Name _____

Username/
Account No._____

Password _____

Notes _____

_____

_____

Website/
Bank Name _____

Username/
Account No._____

Password _____

Notes _____

_____

_____

Website/
Bank Name _____

Username/
Account No._____

Password _____

Notes _____

_____

_____

My password book

Website/
Bank Name _____

Username/
Account No. _____

Password _____

Notes _____

_____

_____

Website/
Bank Name _____

Username/
Account No. _____

Password _____

Notes _____

_____

_____

Website/
Bank Name _____

Username/
Account No. _____

Password _____

Notes _____

_____

_____

Website/
Bank Name _____

Username/
Account No._____

Password _____

Notes _____

_____

_____

Website/
Bank Name _____

Username/
Account No._____

Password _____

Notes _____

_____

_____

Website/
Bank Name _____

Username/
Account No._____

Password _____

Notes _____

_____

_____

My password book

Website/
Bank Name _____

Username/
Account No._____

Password _____

Notes _____

_____

_____

Website/
Bank Name _____

Username/
Account No._____

Password _____

Notes _____

_____

_____

Website/
Bank Name _____

Username/
Account No._____

Password _____

Notes _____

_____

_____

I

Website/
Bank Name _____

Username/
Account No._____

Password _____

Notes _____

_____

_____

Website/
Bank Name _____

Username/
Account No._____

Password _____

Notes _____

_____

_____

Website/
Bank Name _____

Username/
Account No._____

Password _____

Notes _____

_____

_____

<u>My password book</u>

Website/
Bank Name _____

Username/
Account No._____

Password _____

Notes _____

_____

_____

Website/
Bank Name _____

Username/
Account No._____

Password _____

Notes _____

_____

_____

Website/
Bank Name _____

Username/
Account No._____

Password _____

Notes _____

_____

_____

My password book

J

Website/
Bank Name _____

Username/
Account No._____

Password _____

Notes _____

_____

_____

Website/
Bank Name _____

Username/
Account No._____

Password _____

Notes _____

_____

_____

Website/
Bank Name _____

Username/
Account No._____

Password _____

Notes _____

_____

_____

J

My password book

Website/
Bank Name _____

Username/
Account No._____

Password _____

Notes _____

_____

_____

Website/
Bank Name _____

Username/
Account No._____

Password _____

Notes _____

_____

_____

Website/
Bank Name _____

Username/
Account No._____

Password _____

Notes _____

_____

_____

My password book

Website/
Bank Name _____

Username/
Account No._____

Password _____

Notes _____

_____

_____

Website/
Bank Name _____

Username/
Account No._____

Password _____

Notes _____

_____

_____

Website/
Bank Name _____

Username/
Account No._____

Password _____

Notes _____

_____

_____

My password book

Website/
Bank Name _____

Username/
Account No._____

Password _____

Notes _____

_____

_____

Website/
Bank Name _____

Username/
Account No._____

Password _____

Notes _____

_____

_____

Website/
Bank Name _____

Username/
Account No._____

Password _____

Notes _____

_____

_____

K

Website/
Bank Name _____

Username/
Account No._____

Password _____

Notes _____

_____

_____

Website/
Bank Name _____

Username/
Account No._____

Password _____

Notes _____

_____

_____

Website/
Bank Name _____

Username/
Account No._____

Password _____

Notes _____

_____

_____

<u>My password book</u>

Website/
Bank Name _____

Username/
Account No._____

Password _____

Notes _____

_____

_____

Website/
Bank Name _____

Username/
Account No._____

Password _____

Notes _____

_____

_____

Website/
Bank Name _____

Username/
Account No._____

Password _____

Notes _____

_____

_____

My password book

Website/
Bank Name _____

Username/
Account No._____

Password _____

Notes _____

_____

_____

Website/
Bank Name _____

Username/
Account No._____

Password _____

Notes _____

_____

_____

Website/
Bank Name _____

Username/
Account No._____

Password _____

Notes _____

_____

_____

My password book

Website/
Bank Name _____

Username/
Account No._____

Password _____

Notes _____

_____

_____

Website/
Bank Name _____

Username/
Account No._____

Password _____

Notes _____

_____

_____

Website/
Bank Name _____

Username/
Account No._____

Password _____

Notes _____

_____

_____

My password book

Website/
Bank Name _____

Username/
Account No._____

Password _____

Notes _____

_____

_____

Website/
Bank Name _____

Username/
Account No._____

Password _____

Notes _____

_____

_____

Website/
Bank Name _____

Username/
Account No._____

Password _____

Notes _____

_____

_____

My password book

Website/
Bank Name _____

Username/
Account No._____

Password _____

Notes _____

_____

_____

Website/
Bank Name _____

Username/
Account No._____

Password _____

Notes _____

_____

_____

Website/
Bank Name _____

Username/
Account No._____

Password _____

Notes _____

_____

_____

L

Website/
Bank Name _____

Username/
Account No._____

Password _____

Notes _____

_____

_____

Website/
Bank Name _____

Username/
Account No._____

Password _____

Notes _____

_____

_____

Website/
Bank Name _____

Username/
Account No._____

Password _____

Notes _____

_____

_____

My password book

Website/
Bank Name _____

Username/
Account No._____

Password _____

Notes _____

_____

_____

Website/
Bank Name _____

Username/
Account No._____

Password _____

Notes _____

_____

_____

Website/
Bank Name _____

Username/
Account No._____

Password _____

Notes _____

_____

_____

My password book

M

Website/
Bank Name _____

Username/
Account No._____

Password _____

Notes _____

_____

_____

Website/
Bank Name _____

Username/
Account No._____

Password _____

Notes _____

_____

_____

Website/
Bank Name _____

Username/
Account No._____

Password _____

Notes _____

_____

_____

My password book

Website/
Bank Name _____

Username/
Account No._____

Password _____

Notes _____

_____

_____

Website/
Bank Name _____

Username/
Account No._____

Password _____

Notes _____

_____

_____

Website/
Bank Name _____

Username/
Account No._____

Password _____

Notes _____

_____

_____

My password book

Website/
Bank Name _____

Username/
Account No._____

Password _____

Notes _____

_____

_____

Website/
Bank Name _____

Username/
Account No._____

Password _____

Notes _____

_____

_____

Website/
Bank Name _____

Username/
Account No._____

Password _____

Notes _____

_____

_____

My password book

Website/
Bank Name _____

Username/
Account No._____

Password _____

Notes _____

_____

_____

Website/
Bank Name _____

Username/
Account No._____

Password _____

Notes _____

_____

_____

Website/
Bank Name _____

Username/
Account No._____

Password _____

Notes _____

_____

_____

My password book

Website/
Bank Name _____

Username/
Account No._____

Password _____

Notes _____

_____

_____

Website/
Bank Name _____

Username/
Account No._____

Password _____

Notes _____

_____

_____

Website/
Bank Name _____

Username/
Account No._____

Password _____

Notes _____

_____

_____

My password book

Website/
Bank Name _____

Username/
Account No._____

Password _____

Notes _____

_____

_____

Website/
Bank Name _____

Username/
Account No._____

Password _____

Notes _____

_____

_____

Website/
Bank Name _____

Username/
Account No._____

Password _____

Notes _____

_____

_____

My password book

N

Website/
Bank Name _____

Username/
Account No._____

Password _____

Notes _____

_____

_____

Website/
Bank Name _____

Username/
Account No._____

Password _____

Notes _____

_____

_____

Website/
Bank Name _____

Username/
Account No._____

Password _____

Notes _____

_____

_____

My password book

Website/
Bank Name _____

Username/
Account No._____

Password _____

Notes _____

_____

_____

Website/
Bank Name _____

Username/
Account No._____

Password _____

Notes _____

_____

_____

Website/
Bank Name _____

Username/
Account No._____

Password _____

Notes _____

_____

_____

Website/
Bank Name _____

Username/
Account No._____

Password _____

Notes _____

_____

_____

Website/
Bank Name _____

Username/
Account No._____

Password _____

Notes _____

_____

_____

Website/
Bank Name _____

Username/
Account No._____

Password _____

Notes _____

_____

_____

My password book

Website/
Bank Name _____

Username/
Account No._____

Password   _____

Notes   _____

_____

_____

Website/
Bank Name _____

Username/
Account No._____

Password   _____

Notes   _____

_____

_____

Website/
Bank Name _____

Username/
Account No._____

Password   _____

Notes   _____

_____

_____

O

Website/
Bank Name _____

Username/
Account No._____

Password _____

Notes _____

_____

_____

Website/
Bank Name _____

Username/
Account No._____

Password _____

Notes _____

_____

_____

Website/
Bank Name _____

Username/
Account No._____

Password _____

Notes _____

_____

_____

My password book

Website/
Bank Name _____

Username/
Account No._____

Password _____

Notes _____

_____

_____

Website/
Bank Name _____

Username/
Account No._____

Password _____

Notes _____

_____

_____

Website/
Bank Name _____

Username/
Account No._____

Password _____

Notes _____

_____

_____

My password book

Website/
Bank Name _____

Username/
Account No._____

Password _____

Notes _____

_____

_____

Website/
Bank Name _____

Username/
Account No._____

Password _____

Notes _____

_____

_____

Website/
Bank Name _____

Username/
Account No._____

Password _____

Notes _____

_____

_____

P

My password book

Website/
Bank Name _____

Username/
Account No._____

Password _____

Notes _____

_____

_____

Website/
Bank Name _____

Username/
Account No._____

Password _____

Notes _____

_____

_____

Website/
Bank Name _____

Username/
Account No._____

Password _____

Notes _____

_____

_____

My password book

P

Website/
Bank Name _____

Username/
Account No._____

Password _____

Notes _____

_____

_____

Website/
Bank Name _____

Username/
Account No._____

Password _____

Notes _____

_____

_____

Website/
Bank Name _____

Username/
Account No._____

Password _____

Notes _____

_____

_____

My password book

Website/
Bank Name _____

Username/
Account No._____

Password _____

Notes _____

_____

_____

Website/
Bank Name _____

Username/
Account No._____

Password _____

Notes _____

_____

_____

Website/
Bank Name _____

Username/
Account No._____

Password _____

Notes _____

_____

_____

My password book

Q

Website/
Bank Name _____

Username/
Account No._____

Password _____

Notes _____

_____

_____

Website/
Bank Name _____

Username/
Account No._____

Password _____

Notes _____

_____

_____

Website/
Bank Name _____

Username/
Account No._____

Password _____

Notes _____

_____

_____

My password book

Website/
Bank Name _____

Username/
Account No._____

Password _____

Notes _____

_____

_____

Website/
Bank Name _____

Username/
Account No._____

Password _____

Notes _____

_____

_____

Website/
Bank Name _____

Username/
Account No._____

Password _____

Notes _____

_____

_____

Q

Website/
Bank Name _____

Username/
Account No._____

Password _____

Notes _____

_____

_____

Website/
Bank Name _____

Username/
Account No._____

Password _____

Notes _____

_____

_____

Website/
Bank Name _____

Username/
Account No._____

Password _____

Notes _____

_____

_____

My password book

Website/
Bank Name _____

Username/
Account No._____

Password _____

Notes _____

_____

_____

Website/
Bank Name _____

Username/
Account No._____

Password _____

Notes _____

_____

_____

Website/
Bank Name _____

Username/
Account No._____

Password _____

Notes _____

_____

_____

R

Website/
Bank Name _____

Username/
Account No._____

Password _____

Notes _____

_____

_____

Website/
Bank Name _____

Username/
Account No._____

Password _____

Notes _____

_____

_____

Website/
Bank Name _____

Username/
Account No._____

Password _____

Notes _____

_____

_____

My password book

Website/
Bank Name _____

Username/
Account No._____

Password _____

Notes _____

_____

_____

Website/
Bank Name _____

Username/
Account No._____

Password _____

Notes _____

_____

_____

Website/
Bank Name _____

Username/
Account No._____

Password _____

Notes _____

_____

_____

My password book

Website/
Bank Name _____

Username/
Account No._____

Password _____

Notes _____

_____

_____

Website/
Bank Name _____

Username/
Account No._____

Password _____

Notes _____

_____

_____

Website/
Bank Name _____

Username/
Account No._____

Password _____

Notes _____

_____

_____

My password book

Website/
Bank Name _____

Username/
Account No._____

Password _____

Notes _____

_____

_____

Website/
Bank Name _____

Username/
Account No._____

Password _____

Notes _____

_____

_____

Website/
Bank Name _____

Username/
Account No._____

Password _____

Notes _____

_____

_____

S

Website/
Bank Name _____

Username/
Account No._____

Password _____

Notes _____

_____

_____

Website/
Bank Name _____

Username/
Account No._____

Password _____

Notes _____

_____

_____

Website/
Bank Name _____

Username/
Account No._____

Password _____

Notes _____

_____

_____

My password book

Website/
Bank Name _____

Username/
Account No._____

Password _____

Notes _____

_____

_____

Website/
Bank Name _____

Username/
Account No._____

Password _____

Notes _____

_____

_____

Website/
Bank Name _____

Username/
Account No._____

Password _____

Notes _____

_____

_____

My password book

S

Website/
Bank Name _____

Username/
Account No._____

Password _____

Notes _____

_____

_____

Website/
Bank Name _____

Username/
Account No._____

Password _____

Notes _____

_____

_____

Website/
Bank Name _____

Username/
Account No._____

Password _____

Notes _____

_____

_____

My password book

Website/
Bank Name _____

Username/
Account No. _____

Password _____

Notes _____

_____

_____

Website/
Bank Name _____

Username/
Account No. _____

Password _____

Notes _____

_____

_____

Website/
Bank Name _____

Username/
Account No. _____

Password _____

Notes _____

_____

_____

My password book

Website/
Bank Name _____

Username/
Account No._____

Password _____

Notes _____

_____

_____

Website/
Bank Name _____

Username/
Account No._____

Password _____

Notes _____

_____

_____

Website/
Bank Name _____

Username/
Account No._____

Password _____

Notes _____

_____

_____

My password book

Website/
Bank Name _____

Username/
Account No._____

Password _____

Notes _____

_____

_____

Website/
Bank Name _____

Username/
Account No._____

Password _____

Notes _____

_____

_____

Website/
Bank Name _____

Username/
Account No._____

Password _____

Notes _____

_____

_____

My password book

Website/
Bank Name _____

Username/
Account No._____

Password _____

Notes _____

_____

_____

Website/
Bank Name _____

Username/
Account No._____

Password _____

Notes _____

_____

_____

Website/
Bank Name _____

Username/
Account No._____

Password _____

Notes _____

_____

_____

My password book

Website/
Bank Name _____

Username/
Account No._____

Password _____

Notes _____

_____

_____

Website/
Bank Name _____

Username/
Account No._____

Password _____

Notes _____

_____

_____

Website/
Bank Name _____

Username/
Account No._____

Password _____

Notes _____

_____

_____

U

Website/
Bank Name _____

Username/
Account No._____

Password _____

Notes _____

_____

_____

Website/
Bank Name _____

Username/
Account No._____

Password _____

Notes _____

_____

_____

Website/
Bank Name _____

Username/
Account No._____

Password _____

Notes _____

_____

_____

My password book

Website/
Bank Name _____

Username/
Account No._____

Password _____

Notes _____

_____

_____

Website/
Bank Name _____

Username/
Account No._____

Password _____

Notes _____

_____

_____

Website/
Bank Name _____

Username/
Account No._____

Password _____

Notes _____

_____

_____

Website/
Bank Name _____

Username/
Account No._____

Password _____

Notes _____

_____

_____

Website/
Bank Name _____

Username/
Account No._____

Password _____

Notes _____

_____

_____

Website/
Bank Name _____

Username/
Account No._____

Password _____

Notes _____

_____

_____

My password book

Website/
Bank Name _____

Username/
Account No._____

Password _____

Notes _____

_____

_____

Website/
Bank Name _____

Username/
Account No._____

Password _____

Notes _____

_____

_____

Website/
Bank Name _____

Username/
Account No._____

Password _____

Notes _____

_____

_____

My password book

Website/
Bank Name _____

Username/
Account No._____

Password _____

Notes _____

_____

_____

Website/
Bank Name _____

Username/
Account No._____

Password _____

Notes _____

_____

_____

Website/
Bank Name _____

Username/
Account No._____

Password _____

Notes _____

_____

_____

My password book

Website/
Bank Name _____

Username/
Account No._____

Password _____

Notes _____

_____

_____

Website/
Bank Name _____

Username/
Account No._____

Password _____

Notes _____

_____

_____

Website/
Bank Name _____

Username/
Account No._____

Password _____

Notes _____

_____

_____

Website/
Bank Name _____

Username/
Account No._____

Password _____

Notes _____

_____

_____

Website/
Bank Name _____

Username/
Account No._____

Password _____

Notes _____

_____

_____

Website/
Bank Name _____

Username/
Account No._____

Password _____

Notes _____

_____

_____

My password book

Website/
Bank Name _____

Username/
Account No._____

Password _____

Notes _____

_____

_____

Website/
Bank Name _____

Username/
Account No._____

Password _____

Notes _____

_____

_____

Website/
Bank Name _____

Username/
Account No._____

Password _____

Notes _____

_____

_____

W

Website/
Bank Name _____

Username/
Account No._____

Password _____

Notes _____

_____

_____

Website/
Bank Name _____

Username/
Account No._____

Password _____

Notes _____

_____

_____

Website/
Bank Name _____

Username/
Account No._____

Password _____

Notes _____

_____

_____

My password book

Website/
Bank Name _____

Username/
Account No._____

Password _____

Notes _____

_____

_____

Website/
Bank Name _____

Username/
Account No._____

Password _____

Notes _____

_____

_____

Website/
Bank Name _____

Username/
Account No._____

Password _____

Notes _____

_____

_____

W

Website/
Bank Name _____

Username/
Account No._____

Password _____

Notes _____

_____

_____

Website/
Bank Name _____

Username/
Account No._____

Password _____

Notes _____

_____

_____

Website/
Bank Name _____

Username/
Account No._____

Password _____

Notes _____

_____

_____

My password book

Website/
Bank Name _____

Username/
Account No._____

Password _____

Notes _____

_____

_____

Website/
Bank Name _____

Username/
Account No._____

Password _____

Notes _____

_____

_____

Website/
Bank Name _____

Username/
Account No._____

Password _____

Notes _____

_____

_____

X

Website/
Bank Name _____

Username/
Account No._____

Password _____

Notes _____

_____

_____

Website/
Bank Name _____

Username/
Account No._____

Password _____

Notes _____

_____

_____

Website/
Bank Name _____

Username/
Account No._____

Password _____

Notes _____

_____

_____

My password book

Website/
Bank Name _____

Username/
Account No. _____

Password _____

Notes _____

_____

_____

Website/
Bank Name _____

Username/
Account No. _____

Password _____

Notes _____

_____

_____

Website/
Bank Name _____

Username/
Account No. _____

Password _____

Notes _____

_____

_____

My password book

X

Website/
Bank Name _____

Username/
Account No._____

Password _____

Notes _____

_____

_____

Website/
Bank Name _____

Username/
Account No._____

Password _____

Notes _____

_____

_____

Website/
Bank Name _____

Username/
Account No._____

Password _____

Notes _____

_____

_____

My password book

Website/
Bank Name _____

Username/
Account No._____

Password _____

Notes _____

_____

_____

Website/
Bank Name _____

Username/
Account No._____

Password _____

Notes _____

_____

_____

Website/
Bank Name _____

Username/
Account No._____

Password _____

Notes _____

_____

_____

Website/
Bank Name _____

Username/
Account No._____

Password _____

Notes _____

_____

_____

Website/
Bank Name _____

Username/
Account No._____

Password _____

Notes _____

_____

_____

Website/
Bank Name _____

Username/
Account No._____

Password _____

Notes _____

_____

_____

My password book

Website/
Bank Name _____

Username/
Account No._____

Password _____

Notes _____

_____

_____

Website/
Bank Name _____

Username/
Account No._____

Password _____

Notes _____

_____

_____

Website/
Bank Name _____

Username/
Account No._____

Password _____

Notes _____

_____

_____

Y

Website/
Bank Name _____

Username/
Account No._____

Password _____

Notes _____

_____

_____

Website/
Bank Name _____

Username/
Account No._____

Password _____

Notes _____

_____

_____

Website/
Bank Name _____

Username/
Account No._____

Password _____

Notes _____

_____

_____

My password book

Website/
Bank Name _____

Username/
Account No._____

Password _____

Notes _____

_____

_____

Website/
Bank Name _____

Username/
Account No._____

Password _____

Notes _____

_____

_____

Website/
Bank Name _____

Username/
Account No._____

Password _____

Notes _____

_____

_____

Z

Website/
Bank Name _____

Username/
Account No._____

Password _____

Notes _____

_____

_____

Website/
Bank Name _____

Username/
Account No._____

Password _____

Notes _____

_____

_____

Website/
Bank Name _____

Username/
Account No._____

Password _____

Notes _____

_____

_____

My password book

Website/
Bank Name _____

Username/
Account No._____

Password _____

Notes _____

_____

_____

Website/
Bank Name _____

Username/
Account No._____

Password _____

Notes _____

_____

_____

Website/
Bank Name _____

Username/
Account No._____

Password _____

Notes _____

_____

_____

Z

Website/
Bank Name _____

Username/
Account No._____

Password _____

Notes _____

_____

_____

Website/
Bank Name _____

Username/
Account No._____

Password _____

Notes _____

_____

_____

Website/
Bank Name _____

Username/
Account No._____

Password _____

Notes _____

_____

_____

My password book

Website/
Bank Name _____

Username/
Account No._____

Password _____

Notes _____

_____

_____

Website/
Bank Name _____

Username/
Account No._____

Password _____

Notes _____

_____

_____

Website/
Bank Name _____

Username/
Account No._____

Password _____

Notes _____

_____

_____

Made in the USA
Las Vegas, NV
05 December 2021